LETTRE

DE

MM. LES DÉLÉGUÉS

DES COLONIES FRANÇAISES,

A

M. le Rédacteur en chef du Semeur.

PARIS.

IMPRIMERIE DE SELLIGUE,

RUE DES JEUNEURS, N° 14,

1832.

LETTRE

DE

MM. LES DÉLÉGUÉS

DES COLONIES FRANÇAISES,

A

M. LE RÉDACTEUR EN CHEF DU SEMEUR.

Paris, le 6 juin 1832.

Monsieur le Rédacteur,

Dans son numéro du 30 mai, votre journal sous ce titre : *De l'esclavage dans les colonies anglaises*, contient plus d'une assertion dont il est de notre devoir de démontrer l'inexactitude et l'erreur, toutes deux également dangereuses ; et ce devoir, il est d'autant plus impérieux pour nous que l'auteur de l'article ne s'est point renfermé dans le cadre que son titre semblait lui avoir tracé, et que dans ses excursions il a mis en cause non-seulement les colonies françaises, mais encore les délégués que les colonies ont dans la métropole, près de laquelle ils ne poursuivent qu'un examen impartial de questions qu'on peut bien étouffer dans des flots de sang, mais qu'on ne peut y résoudre. Au reste, monsieur, c'est à votre journal lui-même que nous emprunterons notre système de défense. N'ayant point de raison de douter de votre bonne foi, nou-

avons quelque lieu de nous étonner qu'après avoir si bien dé-
montré dans le même numéro la faiblesse ou l'injustice d'une
argumentation basée sur le vague *des généralités*, votre journal
n'ait pas évité cet écueil dans l'examen qu'il entreprenait de la
question coloniale. « En politique, en religion, en littérature, »
dites-vous vous-mêmes, « c'est tout un, pour la manie de géné-
» raliser. C'est le caractère de la nation. Il tient à cette vivacité
» d'esprit *qui est moins capable de raisonner que de sentir.* »

Comment, après l'expression d'une logique aussi saine,
peut-on, monsieur, au revers de la même feuille, ne pas se
mettre en garde contre cette vivacité d'esprit, et se laisser aller
à des généralités injustes et offensantes contre une classe de
citoyens français, dont le nombre, dans toutes nos colonies,
n'est pas inférieur à cent mille possesseurs d'esclaves, et que
vous n'êtes pas loin de déclarer incapables d'aucun des sentimens qui font l'homme honnête et le bon père de famille, à
plus forte raison le bon citoyen, puisque vous les flétrissez, *en
masse*, d'une accusation de tyrannie, de cruauté, enfin de bar-
barie et d'avilissement moral qui ne suppose pas même l'ex-
ception. Et cependant, Monsieur, puisque vous vous êtes occupé
de matières coloniales, vous avez sans doute dû rechercher
les occasions, faciles à trouver, de vous en entretenir avec ceux
qui ont habité ou visité ces contrées. Or, il est impossible que
parmi les voyageurs les plus dépouillés d'intérêt personnel,
vous n'en ayez pas rencontré qui vous aient entretenu des
mœurs hospitalières des colons, de leur attachement à la mère-
patrie, de leur disposition à rendre service, de leurs vertus
domestiques, des sacrifices dont ils sont capables en amitié, enfin
du soin que le plus grand nombre ont de leurs esclaves, et qui
ne paraît nulle part d'une manière plus évidente et plus désin-
téressée que dans ceux qu'ils accordent à la vieillesse, à l'enfance
ou aux infirmités (1). Qu'à côté de ce tableau exact, il y ait des

____

(1) Quelque connu que cela puisse être, il faut bien le répéter ici : l'infir-
merie de chaque habitation est toujours du domaine de la femme du maître, et
les alimens que le malade y reçoit sont les mêmes que ceux qui paraissent sur
la table du propriétaire de la plantation.

actes coupables à signaler, pourquoi le nierions-nous ? Les Français qui habitent les colonies, qu'ils y soient nés ou venus de la métropole, n'ont jamais prétendu qu'ils constituaient une communauté impeccable. Mais à chacun ses œuvres. Il n'y a pas de solidarité pour les fautes. A quel titre l'Europe, qui a depuis long-temps condamné ce préjugé dans son sein, voudrait-elle en perpétuer l'odieux pour ses enfans éloignés ? Elle a déclaré, dans sa philosophie et dans ses codes, que le fils ou le frère de l'assassin pouvait être un homme vertueux, et elle n'admettrait pas que, dans une grande famille, s'il existe des hommes violens ou injustes, on y trouve, en plus grand nombre encore , des cœurs droits et généreux, où règnent la justice et l'humanisé. M. Jéremie lui-même, dont l'ouvrage vous paraît mériter tant d'éloges, à son arrivée dans cette ancienne colonie française de Sainte-Lucie, après y avoir fait sa tournée, reconnut *qu'il y avait une grande exagération dans ce qu'on raconte en Europe des maux de l'esclavage.* Ce témoignage peu suspect, Monsieur, toutes les rigueurs anecdotiques qui viennent après ne peuvent l'infirmer. Il reste comme ces aveux précieux que la vérité sait arracher aux passions, et il conservera toute sa force, quand même nous n'aurions pas en main de quoi réfuter une aussi grande partie des argumens de nos détracteurs.

Nous ne parlerons pas de la mémoire qu'a laissée à Sainte-Lucie l'administration de M. le procureur - général ; mais quand il a composé sa brochure et quand, après lui, vous êtes venu célébrer les heureux résultats de cette administration, vous ne vous attendiez ni l'un ni l'autre à ce que des faits de la nature de ceux qui viennent de se manifester à Sainte-Lucie se chargeassent sitôt de la réfutation de vos communs argumens.

Sainte-Lucie, colonie de conquête, est ce qu'on appelle, en Angleterre, une colonie de la couronne. Elle n'a ni Charte ni assemblée coloniale. Elle vit donc sous le régime pur des ordonnances, soit du conseil du roi, soit de ses gouverneurs.

Sainte-Lucie a admis, dans toute leur étendue, l'application de tous les ordres ou arrêtés tendant à modifier l'ancienne condition des esclaves.

M. Jeremie reconnaît :

Que Sainte-Lucie a *volontairement* admis l'affranchissement obligé ;

Que l'esclave y tient au sol et ne peut en être séparé ;

Qu'un jour par semaine lui est accordé (1) ;

Qu'une fois par mois il lui est permis d'aller au marché (2) ;

Que la loi détermine le temps qui lui est donné pour se reposer, même à l'époque de la récolte ;

Que tout officier public est tenu de le protéger, etc., etc.

Eh bien ! monsieur le rédacteur, toutes ces dispositions mises en vigueur depuis 1826 n'ont pas suffi aux réformateurs , et la soumission exemplaire des habitans de Sainte-Lucie n'a pas mieux réussi à modérer leur zèle. Cédant aux suggestions de ce zèle irréfléchi, l'autorité n'a pas cru pouvoir porter trop loin ses succès, et elle a lancé sur ces habitans paisibles deux ordonnances nouvelles qui, considérées par eux comme la dernière atteinte portée à leurs franchises judiciaires et à la sécurité de leur propriété, les ont enfin forcés de mettre la résistance à la place de l'obéissance passive.

Une assemblée générale (non pas une assemblée *coloniale* , puisqu'il n'en existe pas), une assemblée générale et simultanée, disons-nous, de tous les propriétaires libres, Français, Anglais, blancs et gens de couleur , a été unanime pour la rédaction de

(1) Ce que M. Jeremie signale comme une amélioration avait été défendu par les ordonnances françaises , parce qu'on n'avait pas jugé que la disposition de ce jour pût suffire à remplacer les distributions de vivres que les réglemens français prescrivaient d'effectuer chaque semaine aux esclaves.

(2) Dans les colonies françaises , le marché a lieu au bourg le plus voisin , chaque dimanche après la grand'messe. Il y a eu l'année dernière encore, à la Jamaïque et à la Dominique, des révoltes que la cour martiale et la main du bourreau ont pu seules apaiser, et qui n'avaient pas d'autre origine que le mécontentement des esclaves occasionné par la suppression de ce marché des dimanches , défendu par les autorités anglaises, par déférence pour les scrupules d'un méthodisme sinon perfide, au moins aussi ignorant qu'enthousiaste.

la résolution ci-après , qui prouve tout à la fois l'excès du mal et la volonté de le combattre.

« 1° Les habitans propriétaires de Sainte-Lucie , avec une
» promptitude et une loyauté qui n'ont été surpassées par au-
» cune portion des sujets de S. M., ont adopté toutes les me-
» sures suggérées par les ministres du roi tendant à améliorer
» la condition des esclaves ; ils ont même poussé la soumission
» au-delà des bornes que la prudence aurait dû leur prescrire,
» attendu que l'augmentation des dépenses sur leurs habita-
» tions , causée par lesdites mesures , les a rendus incapables
» d'alléger les fardeaux qu'une guerre prolongée leur avait
» imposés ainsi qu'au reste de leurs concitoyens , tandis qu'ils
» n'ont retiré d'une paix non interrompue pendant seize ans
» qu'un accroissement de réglemens onéreux et vexatoires.

» 2° Les habitans de Sainte-Lucie ont supporté avec une
» patience sans exemple des taxes locales exorbitantes réparties
» de la manière la plus arbitraire et sur l'emploi desquelles ils
» n'ont aucun contrôle, tandis que le gouvernement despotique
» sous lequel ils vivent a négligemment surveillé ou follement
» prodigué l'argent public , au point d'avoir réduit le trésor
» colonial à un état de banqueroute.

» 3° La valeur du produit annuel de la colonie ne s'est pas
» élevée , depuis deux ans , à 60,000 liv. st. ; près du tiers de
» cette somme est versé au trésor colonial pour payer le salaire
» du gouvernement local et autres charges publiques , et les
» deux tiers restans sont entièrement absorbés par les dépenses
» de la culture des terres.

» 4° Les habitans de cette colonie avaient le droit d'attendre
» qu'une telle soumission et de tels sacrifices n'auraient pas été
» faits en vain, et que leurs ennemis invétérés auraient sursis à
» leurs injustices et à leurs vexations.

» 5° Les habitans de cette colonie appellent l'investigation
» la plus minutieuse sur la manière dont ils traitent leurs es-
» claves , pourvu qu'on ne recoure plus à un système grossier
» de craintes contre les témoins dans leur contre-examen, afin
» d'en arracher des aveux en concordance avec les vues de ces

» personnes qui , dans la mère-patrie , cherchent avec tant de
» persévérance la destruction des colonies.

» 6° C'est avec une surprise égale à leur indignation que les
» habitans de Sainte-Lucie ont entendu publier, par la bouche
» d'un homme de la police , dans la place du Marché , deux
» documens qu'on disait être des ordres en conseil de S. M. ,
» l'un détruisant leurs droits et priviléges les plus chers, com-
» me sujets britanniques ; l'autre leur dérobant les misérables
» débris de leur fortune déjà en ruine.

» 7° Ledit ordre en conseil , du 20 juin, constituant un sys-
» tème judiciaire pour améliorer , soi-disant, l'administration
» de la justice, doit avoir été fait en dérision des malheureux
» habitans , dont il a placé la vie et les fortunes à la merci des
» juges salariés ne tenant leur emploi que sous le bon plaisir
» d'une sainte cabale qui gouverne notoirement le département
» colonial, et dont les créatures paraissent poussées aux emplois
» dans cette colonie, comme des espions et des délateurs char-
» gés de calomnier et de diffamer le malheureux propriétaire
» d'esclaves.

» 8° L'ordre en conseil , du 8 novembre , est entièrement
» destructif de nos droits et de notre propriété sur nos esclaves :
» il investit un individu, qualifié protecteur des esclaves, d'un
» pouvoir despotique et inquisitorial sur tout habitant libre ,
» pouvoir que ceux-ci n'ont jamais exercé sur leurs esclaves ;
» il prive le planteur de recueillir le produit de sa terre, et en
» même temps le force à distribuer à ses travailleurs *le double*
» *de la quantité de provisions fournies aux troupes du roi , et*
» *à leur donner des vétemens dont, dans plusieurs cas , les*
» *maîtres eux-mêmes sont dépourvus.*

» 9° Les habitans , convaincus de l'impossibilité d'exécuter
» ces mesures injustes et ruineuses , se trouvent forcés de
» s'opposer à leur exécution par tous les moyens consti-
» tutionnels.

» 10° Ils sont dans l'impossibilité d'obéir, protestant solen-
» nellement devant Dieu et les hommes contre cette mons-
» trueuse et honteuse spoliation, et emportant avec eux, dans

» la pauvreté et la privation, la consolation de ne s'être jamais
» prêtés à leur propre destruction.

» 11° Un comité est nommé pour rédiger des pétitions aux
» deux Chambres du parlement dans l'esprit de ces résolutions,
» ainsi que pour pétitionner le gouverneur afin qu'il suspende
» l'exécution de ces ordres, et afin d'organiser toute autre me-
» sure nécessaire dans l'état présent de la colonie.

» *Signé* : W. Mutter, R. Augier, R.-S. Robinson, E. Che-
» vallier, J. Mac Ferlane, Ch. de Brettes, J. Paterson, Louis
» Aubert, J.-P. Noël, Stephens Williams. »

L'autorité a résisté aux ouvertures qui lui ont été faites, parce qu'il est d'heureuse et sage tradition, dans les deux hémisphères, que l'autorité *ne doit jamais céder*, tandis qu'il devrait être de principe que c'est à elle à ne pas s'enfoncer dans un défilé sans issue.

Des circonstances à peu près semblables ont, à Démérari, autre colonie de la couronne, produit des résultats analogues (1).

Dans ces deux colonies on en est venu au refus de l'impôt, sans qu'il y existe d'assemblées coloniales, tandis qu'à la Jamaïque, l'assemblée coloniale, dans sa dernière session, s'est bornée à une nouvelle protestation contre des mesures qu'elle considère comme subversives, et a refusé de rien statuer sur l'appli·cation, jusqu'à ce qu'elle eût eu le temps de faire entendre de nouvelles doléances au conseil du roi. Vous voyez, Monsieur, que ces institutions ne sont ni les seuls ni les plus violens moyens de résistance qu'on puisse opposer aux volontés arbitraires de la métropole, et la raison en est fort simple : c'est que les chartes ne créent véritablement pas de droits ; elles ne font que les déclarer, et là où il n'existe pas de voie légale écrite pour les défendre, il y a encore une grande loi naturelle qui autorise à recourir aux seuls moyens de salut ou de conservation qui n'ont pu être ravis.

(1) Un événement de même nature vient de se reproduire à l'Ile-Maurice, et a donné lieu à la publication d'une protestation signée par un nombre considérable d'habitans dans ladite colonie.

Aucune classe de propriétaires dans les colonies françaises ne repousse les améliorations dont la condition de l'esclave est susceptible; il a déjà été fait beaucoup à cet égard, n'en déplaise à M. Jeremie. Nous ne contestons pas d'ailleurs qu'il puisse y avoir encore du bien à faire : mais ce que nous persistons à croire, c'est que ces améliorations s'introduiront avec bien plus de garanties de tranquillité, et d'utilié réelle et permanente pour ia classe qui en est l'objet, si cette introduction a lieu avec, et non pas sans la participation des principaux intéressés. Or, cette participation, comment l'avons-nous réclamée, si ce n'est au moyen de l'intervention d'assemblées coloniales formées en vertu d'un principe d'égalité, où la propriété et non la couleur doit seule déterminer les chances de l'élection en raison directe des garanties qu'y trouvera le maintien de l'ordre puhlic. C'est sur ce terrain que les délégués des colonies ont constamment soutenu les droits de leurs commettans. Cette reconnaissance d'un droit difficile à contester, nous l'avons sollicitée pendant tous le cours de la session dernière : nous continuerons à l'espérer de la justice du gouvernement et des chambres. Nous n'hésitons pas à le proclamer; cette voie est la seule qui puisse conduire à de véritables améliorations sociales, car nous ne pourrions donner ce nom à des bouleversemens de la nature de celui qui, tout récemment encore, a pensé faire de la Jamaïque un autre Haïti, et qui n'a abouti, après avoir fait verser beaucoup de sang, qu'à aggraver le sort de toutes les classes de la population.

En regard de ces scènes de deuil et de tristesse que nous fournit l'étranger, nous avons au moins la consolation de montrer à la mère-patrie des établissemens paisibles, dont le commerce de nos ports apprécie mieux chaque jour la véritable valeur.

Après avoir payé un tribut trop large et trop triste à l'effet des mesures précipitées de la législature de l'an ii, l'expérience du maintien de la paix publique, et du bien-être réel des cultivateurs est en faveur des colonies françaises. Cette considération, que d'orgueilleuses théories peuvent mépriser, ne sera certainement pas sans quelque poids auprès des hommes qui, comme vous, monsieur, savent si bien tout ce qu'il y a d'erreur dans ces jugemens qui n'apprécient les choses qu'en s'arrêtant à leur surface.

Enfin, monsieur, le témoignage de tous les agens européens renouvelés dans nos colonies depuis la révolution de 1830 dépose en faveur de la bonne administration domestique. Sans être, tant s'en faut, dans un état prospère, nos colonies luttent au moins avec courage et constance contre les circonstances funestes qui, depuis long-temps, pèsent sur elles; et pleines d'espoir dans la protection de la métropole, elles attendent avec patience et résignation les institutions qu'elle leur a promises et qui, sagement modifiées, peuvent seules garantir leur avenir.

Nous ne pouvons, dans les bornes de cette lettre, suivre M. Jeremie dans le détail de toutes ses inculpations : mais ceux d'entre nous, qui sont plus spécialement chargés des intérêts de la Martinique se doivent cependant de relever quelques circonstances du parallèle qu'il établit entre cette colonie et Sainte-Lucie; car il leur a paru que, dans ce parallèle, la vérité manquait également aux argumens et aux assertions.

M. Jeremie représente Sainte-Lucie comme un établissement récent, et la Martinique comme une colonie beaucoup plus ancienne.

La Martinique fut occupée par la France au commencement du xviie siècle. Sainte-Lucie fut possédée, à peu près depuis la même époque, alternativement par la France et l'Angleterre. La culture de la canne à sucre, dans les deux îles, ne date pas de la première occupation. Long-temps les Antilles Françaises ne produisirent que du tabac, du rocou, du coton et du café. Mais en 1789, l'agriculture sucrière avait fait dans ces établissemens à peu près les mêmes progrès, proportionnellement à leur étendue réciproque et à la quantité relative des terres cultivables (1).

(1) En 1550, quarante Français, sous les ordres de Rousselan, s'établirent à

Si , par l'époque de leur séparation , M. Jeremie entend celle de 1815, il a fourni un fait peu favorable à la bonté du régime colonial anglais ; car pour qu'en 1814 il n'y eût à Sainte-Lucie que 16,000 esclaves (ce que nous sommes loin d'admettre sans preuve) il eût fallu que l'occupation anglaise, depuis 1809, eût été une période bien sinistre de décroissement, car en 1802, on y comptait plus de 20,000 esclaves.

Dans le demi-siècle de tranquillité que M. Jeremie alloue à la Martinique, il a oublié les désastres de la guerre civile de 1793 et 1794, qui causa des pertes énormes dont Sainte-Lucie se trouva préservée par une occupation immédiate de l'étranger.

Dans l'opposition de leur situation agricole et commerciale, il a également oublié de reconnaître que de 1809 à 1814, ces deux colonies, comme toutes les autres conquêtes de l'Angleterre, avaient eu à subir les mêmes rigueurs de la fiscalité anglaise qui n'admettait leurs produits que dans ses entrepôts, alors qu'il n'existait pas de possibilité de réexportation.

Si nous venons au fait de la traite, nous serons encore obligés de dire à M. Jeremie qu'avant même la loi de 1827, ce trafic avait déjà cessé dans nos îles. La pénurie de capitaux et le chiffre élevé des dettes de l'agriculture que ses produits ne pouvaient libérer, auraient suffi pour en tarir le principe. S'il faut admettre que dans les années précédentes il se soit fait effectivement quelques expéditions de ce genre, elles furent loin d'être aussi nombreuses que le suppose M. Jeremie qui, du reste, laisse ses suppositions dans un grand vague ; car dans les évaluations qu'il a entendu faire sur les produits de la traite *à Nantes, au Hâvre, à la Martinique même* , il est difficile qu'on lui ait laissé ignorer qu'un grand nombre de ces expédi-

Sainte-Lucie. A la mort de ce chef, sa suite fut massacrée. Les Anglais s'emparèrent de l'île en 1639, et en furent chassés par les Français en 1650. Sainte-Lucie, reprise par les Anglais en 1664, fut évacuée par eux en 1666. Cette colonie, concédée, en 1718, au maréchal d'Estrées, fut déclarée neutre en 1730, et définitivement rendue à la France en 1763. Les Français prirent possession de la Martinique et de la Guadeloupe le 18 juin 1635.

tions n'étaient pas tentées seulement pour nos îles, mais encore pour les possessions espagnoles et portugaises qui n'avaient pas consenti à la suppression de la traite, et même pour quelques colonies anglaises où, de l'aveu de M. Jeremie, on n'était pas à l'abri d'introductions clandestines. Que si la Martinique avait en 1814 70,000 esclaves, nous ne nions pas que la traite n'ait contribué à en augmenter le nombre, qui n'est pas, quoiqu'en dise M. Jeremie, resté stationnaire malgré le grand nombre de libertés qui ont été accordées et s'accordent encore journellement (1). D'ailleurs, quand les accroissemens de la population ne seraient pas, en raison directe, des introductions frauduleuses continuées en contravention à la loi, il serait encore aisé de s'en rendre compte par le fait même de la situation de ce trafic. Les peines prononcées contre ce commerce proscrit conduisaient à ce qu'il ne pouvait se continuer que sur des embarcations où l'emménagement, et par conséquent la conservation des esclaves, étaient sacrifiées à la rapidité de la marche. Personne n'a jamais donné les traitans à la côte d'Afrique pour des modèles de charité chrétienne. Ce commerce en lui-même doit être fort peu séduisant; l'appât du gain peut seul y entraîner. Or, ce gain ne pouvait s'obtenir que sur le transport de véritables travailleurs. Ce n'étaient donc plus des familles capables de reproduction qu'on s'occupait d'introduire, mais par préférence, (ainsi qu'on en a fait dernièrement la judicieuse remarque dans le parlement anglais), des mâles valides dont le travail immédiat pût couvrir promptement le prix d'achat, et sans que, dans ces transactions secrètes et rapides, on eût la latitude nécessaire pour s'assurer de l'état réel de son acquisition. Pour un esprit juste et impartial,

(1) M. Dupotet, gouverneur de la Martinique, a, en septembre 1831, accordé 1,800 libertés à des patronés, qui figuraient dans la classe des esclaves. Depuis, il se fait chaque mois délivrance de titres de même nature par suite de demandes des patrons ou anciens maîtres. Il en est de même dans toutes les autres colonies, en sorte que cette classe des patronés aura probablement entièrement disparu, en se fondant parmi les libres, avant que la loi ait eu le temps ou le besoin de statuer pour elle.

toutes ces circonstances doivent entrer dans l'appréciation du chiffre actuel de la population esclave, sans aller en chercher l'explication dans une consommation d'hommes épouvantable. Entre autres documens précieux que le ministère de la marine a sur cette question, il lui en est parvenu tout récemment un d'un grand intérêt pour nous, puisqu'il rend témoignage de la situation de la population esclave dans cette même colonie de la Martinique, si calomniée par M. Jeremie. La source de ce document est toute européenne, et nous ne pouvons que faire des vœux pour qu'il acquière la plus grande et la plus prompte publicité possible.

Quant à la question de l'affranchissement, la motion de M. Buxton, livrée aujourd'hui à l'examen d'un comité, fournira sans doute le meilleur moyen de la bien apprécier. Malgré la libéralité bien connue de ses opinions, lord Althorp n'a pas hésité à déclarer, dans cette même séance, que cet affranchissement ne serait pas en ce moment un bienfait pour les esclaves. D'ailleurs, cette question, vous l'avez bien senti vous-même, monsieur, ne peut s'isoler de celle de l'indemnité; mais, comme l'a reconnu le Courrier Anglais du 29 mai dernier, ce ne seraient pas seulement les esclaves qu'il faudrait payer au planteur, mais encore, si on voulait être juste, son fonds et ses constructions désormais inutiles pour lui, dans l'absence des bras qui les exploitaient, et qui, séparés de ces bras, ne représenteraient ni les capitaux qu'il y a employés, ni les dettes qu'il a pu contracter sur la foi des lois métropolitaines qui lui garantissaient jusqu'à présent tous les élémens de sa propriété.

Enfin, monsieur, aux esprits qui, comme le vôtre sans doute, veulent le bien avec sincérité, que pourrions-nous dire de mieux sur ce sujet, que ce que M. Canning lui-même faisait entendre au parlement britannique dans les sessions de 1823 et 1824 (2). « Nous ne devons pas, disait cet illustre homme d'é-
» tat, laisser cette question aux mains du parti anti-colonial,
» qui n'a pour armes que *des demi-vérités*, *les plus dangereu-*

____

(1) *Courrier anglais*, d'avril 1832.

» *ses de toutes les erreurs*. Ce parti ne saura jamais qu'enflam-
» mer les passions et égarer les sentimens philanthropiques de
» la nation. C'est à nous de marcher et d'agir avec cette impar-
» tialité à laquelle la nation est justement obligée par le senti-
» ment de sa participation au crime, si crime il y a. (If such
» there be). »

C'est aussi de votre impartialialité, monsieur, que nous
attendons l'insertion de cet article dans votre premier article.
C'est par le rapprochement de documens puisés à des sources
diverses qu'on peut le mieux éclairer une question. Cette seule
considération, que vous êtes fait pour apprécier, suffisait sans
doute pour nous répondre de l'accueil qui sera fait par vous à
nos éclaircissemens, quand vous ne reconnaîtriez pas qu'après
l'attaque admise dans votre journal, l'insertion de la défense
est devenue pour nous chose de justice, et pour vous-même de
devoir rigoureux.

Nous avons l'honneur d'être,

Monsieur le Rédacteur,

Vos très-humbles et très-
obéissans serviteurs.

Les Délégués des Colonies françaises,

FLEURIAU, DE COOLS, FOIGNET, AZÉMA,
SULLY-BRUNET, FAVARD.

69.